MON

RÊVE POLITIQUE,

OU

PROJET DE CONSTITUTION.

Mon
RÊVE POLITIQUE,

OU

PROJET DE CONSTITUTION,

Par Claude-M. DERVIEU.

> Les hommes ne peuvent, en quelq
> genre que ce soit, arriver à
> chose de raisonnable, qu
> en ce même genre, épuisé
> sottises imaginables.
>
> FONTENELL

LYON,

IMPRIMERIE DE CHARVIN,

RUE CHALAMON, Nº 5.

1832.

TABLE

DES MATIÈRES.

MON
RÊVE POLITIQUE,

ou

PROJET DE CONSTITUTION.

───────◆───────

EXPOSÉ DU SUJET.

Confier aux mains d'un chef unique et héréditaire, le dépôt d'une autorité qui soit à la fois juste, active, comprimante, et qui ne puisse jamais attenter ni à la liberté ni à la propriété des citoyens ; voilà le but d'une constitution, voilà le problème à résoudre.

La législation politique est une science qui, comme toutes les autres, est susceptible de perfection. Si elle est encore dans l'enfance, c'est que, outre les difficultés qu'elle présente, l'ignorance des peuples et l'opposition virulente des maîtres de la terre ont constamment comprimé l'essor qu'elle aurait pu prendre.

Le plan d'association politique dont j'essaie ici d'esquisser le projet, est un composé de toutes les formes de gouvernement connues jusqu'à nos jours.

Il est monarchique, parce que j'y établis un seul chef héréditaire chargé du pouvoir exécutif.

Il est aristocratique, parce que tous les emplois publics, administratifs, judiciaires, et autres, appartiennent exclusivement à des corps créés à cet effet.

Il est démocratique, parce que tout citoyen peut parvenir à toutes les charges et dignités de l'état, et parce que je fournis à l'opinion publique des moyens puissans pour se faire entendre et respecter des dépositaires de l'autorité.

Enfin il est républicain, parce que je crois avoir trouvé le moyen de forcer le monarque à n'avoir d'autre intérêt que celui de la chose publique.

La chose publique ou république n'est point une forme de gouvernement, mais c'est le but que doit se proposer toute espèce de gouvernement.

DE LA SOUVERAINETÉ DU PEUPLE.

Sans doute il est de fait que la souveraineté réside dans le peuple, mais il est aussi de fait que chaque fois qu'il en a usé nous n'avons eu pour résultat que le trouble et la confusion; jamais la masse n'a pu se mettre en mouvement sans se faire à elle-même beaucoup plus de mal qu'elle n'en éprouvait par les causes qui avaient provoqué son agitation.

Ainsi, sans jamais méconnaître le principe de toute autorité, il nous faut, par des réglemens, diviser, subdiviser cette masse énorme, afin que sa marche en soit plus régulière et les frottemens moins durs.

D'abord, les habitans d'un territoire se divisent naturellement en contribuables et ceux qui ne le sont pas ; les premiers seuls doivent avoir le droit de voter : secondement, les fonctionnaires publics, les administrateurs, les employés salariés de toute espèce, ne peuvent être admis aux élections, ni être appelés à la représentation nationale, car il est ridicule d'être à la fois juge et partie.

Les assemblées électorales doivent être supprimées, toute grande réunion d'hommes fut toujours dangereuse, et les citoyens doivent nommer directement et isolément leurs représentans.

Le mode d'élection que je vais indiquer me semble infiniment préférable à ceux adoptés jusqu'à ce jour, car il a le double avantage d'éviter aux citoyens les déplacemens dispendieux, ainsi que l'aspect des intrigues, des cabales et des rixes auxquelles donnèrent toujours lieu les assemblées du peuple.

DANS QUELLE CLASSE DOIVENT ÊTRE PRIS LES REPRÉSENTANS.

Le premier soin du législateur doit être de présenter constamment aux hommes, d'un côté l'inexorable justice, et de l'autre, l'espoir attrayant de parvenir aux honneurs et aux dignités par les seuls moyens qu'indiquent le mérite et la vertu.

Comment s'est-il trouvé pendant le cours de la révolution des citoyens qui aient eu le courage d'accepter et de remplir les places de maires et d'officiers municipaux? Quant à moi, j'ai toujours regardé ceux qui en étaient revêtus, comme les bêtes de somme de l'administration publique. Placés entre le peuple et l'autorité, haïs par les uns, bafoués et contrariés par les autres, ces respectables magistrats n'ont été que ce qu'était chez les Juifs le bouc de réprobation chargé des malédictions et des péchés de tous.

Combien jusqu'à présent on a méconnu le but et l'importance des fonctions municipales! ces emplois qui devraient être les plus honorés, parce qu'ils sont et gratuits et très-pénibles, sont presque devenus ridicules.

Qu'est-ce qu'un maire? c'est le père du peuple, le protecteur naturel de ceux qu'écrase l'arbitraire, c'est lui qui se charge de la pétition du pauvre et lui fait rendre justice; c'est le maire qui par sa sagesse adoucit la rigueur des lois fiscales, console le malheureux, le ménage dans la répartition de l'impôt, attire sur sa famille les regards de l'opulence et fait bénir le gouvernement.

Voilà le maire ou ce qu'il doit être.

L'honneur de représenter ses concitoyens doit

donc appartenir exclusivement à ceux qui, ayant été mis en évidence dans leur commune, ont déjà donné des preuves de leurs talens et de leur moralité.

Par l'effet de cette disposition, qui écarte nécessairement de la représentation nationale toute espèce d'intrigans, nous verrons les citoyens les plus recommandables ne redouter plus autant les fonctions municipales; et l'espoir d'être appelés à la chambre des députés et d'entrer ensuite au sénat, sera pour eux un juste sujet d'émulation et de récompense.

NOUVEAU MODE D'ÉLECTIONS.

Les citoyens français nomment directement les maires, officiers municipaux, ainsi que les représentans.

Est électeur de droit : 1° le propriétaire qui paie vingt-cinq francs d'impositions foncières ; 2° le commerçant qui paie cinquante francs de patente ; 3° tout citoyen qui paie cinquante francs d'impôts mobiliers.

Pour obtenir le titre d'électeur, on pourra réunir les trois espèces d'impôts directs, mais dans ce cas il faut qu'ils se montent à la somme de cinquante francs.

Le conseil municipal de chaque commune forme la liste des électeurs.

N'est point électeur celui qui paie ses impositions directes dans un département autre que celui où il a établi son domicile.

Tout électeur qui, sans une cause jugée suffisante, ne se présente pas pour voter, est condamné judiciairement à une amende égale au montant de toutes ses impositions directes.

Tout électeur qui, le jour fixé pour les élections, n'est pas éloigné de six lieues de son domicile, ne peut prétexter cause d'absence.

Les députés sont pris nécessairement dans le département qui les nomme, et parmi les citoyens qui, dans ledit département, sont ou ont été maires ou officiers municipaux. À cet effet un tableau indicatif est dressé, publié et affiché dans chaque commune.

Pour procéder à l'élection des représentans, les maires divisent leurs villes en quartiers ou petits arrondissemens de trois à quatre cents votans au plus.

Dans chacun de ces arrondissemens une maison est désignée pour déposer la boîte destinée à recevoir les bulletins d'élections.

Cette boîte est fermée à clef, une seule ouverture y est pratiquée pour y introduire le scrutin.

Une affiche indicative, s'il est nécessaire, est mise à la porte de la maison où les citoyens sont appelés à voter.

Un commissaire de police ou autre fonctionnaire public est constamment présent au dépôt des scrutins ; il maintient l'ordre et surveille les abus qui pourraient s'y glisser.

Pendant trois jours, et depuis neuf heures du matin jusqu'à quatre heures du soir, les citoyens sont invités à venir déposer leur vote.

La forme du scrutin est un papier timbré au dos et portant ces mots : *Élections de l'an* 182...
Le bureau du timbre les délivre sur le reçu des maires, et ils sont payés par chaque électeur à raison de dix centimes l'un.

Les maires remettent à chaque commissaire surveillant : 1° la liste des électeurs de leurs quartiers respectifs ; 2° un nombre proportionné de scrutins timbrés.

A mesure que les citoyens se présentent pour voter, le commissaire surveillant s'assure s'ils sont portés sur sa liste, leur remet un bulletin, reçoit les dix centimes, et apostille ceux qui ont voté.

Le silence le plus absolu est rigoureusement ordonné dans la salle où est déposée l'urne aux scrutins ; nulle discussion, nulle conversation particulière ne peut y avoir lieu. Les électeurs se retirent de suite après avoir consigné leurs scrutins dans la boîte.

Si, par maladresse ou autre cause, un scrutin est taché, barbouillé, le commissaire en délivre un second, un troisième, etc., qui tous sont payés par l'électeur dix centimes pièce.

Les bulletins tachés, hors de service, ne sont

point déchirés ; le commissaire les met de côté, pour, au moment de la vérification, représenter et compléter le nombre qui lui en a été délivré par le maire.

Les trois jours accordés pour la tenue des élections étant écoulés, les boîtes des scrutins sont portées à la municipalité, qui, en séance publique, procède au dépouillement, dresse procès-verbal du contenu, classe les scrutins et les joint au procès-verbal comme pièces à l'appui.

Les élections terminées, la liste des électeurs qui ne se sont pas présentés, est adressée aux juges de paix qui citent pardevant eux les délinquans, et les condamnent, s'il y a lieu, conformément au présent réglement.

Trois jours après que les communes ont terminé leurs opérations électives, le maire ou l'adjoint desdites communes, muni du procès-verbal de la liste des votans et de tous les bulletins, se rend au chef-lieu du département.

Les maires ou adjoints arrivés à jour fixe au chef-lieu du département, se réunissent en assemblée publique, sous la présidence du plus âgé d'entre eux ; ils procèdent à la vérification des procès-verbaux de chaque commune, les comparent avec les scrutins, et proclament pour députés ceux qui auront obtenu la majorité des suffrages.

Dans le cas où le premier tour de scrutin ne donnerait pas la majorité absolue, les élections recommencent d'après le même mode, et les députés alors sont nommés à la majorité relative.

Ce mode d'élections paraît infiniment préférable à ceux adoptés jusqu'à ce jour. Les électeurs ne s'absentent point de leur domicile; les grandes réunions connues sous le nom d'assemblées primaires, assemblées électorales, sont évitées; et ce n'est pas un petit avantage, car elles furent toujours des foyers de haine et de discorde.

REPRÉSENTATION NATIONALE.

Il en est des droits et de la souveraineté d'une assemblée nationale comme de ceux du peuple. Sitôt que l'un ou l'autre a voulu en user, le désordre, la confusion, les factions ont été le résultat de leurs délibérations. Les grandes fabriques de lois connues en France sous le titre de corps législatif sont la triste preuve de la vérité de cette assertion.

Cependant, au premier aperçu, il semble très-naturel que les citoyens, par l'organe de leurs représentans, aient le droit de concourir à la formation de la loi; mais lorsqu'on considère de près les élémens dont se compose une assemblée législative, on n'est plus étonné que rien de bon n'ait jamais pu sortir du sein de ces grandes réunions.

Le marchand calcule les intérêts de l'état, d'après ceux de son comptoir; le propriétaire

ne voit que ses champs ; les gens de lois , qui
ordinairement abondent dans ces assemblées ,
métaphysiquent toutes les questions et nous as-
somment par des discours sans fin ; joignez à
cela les ambitieux , les chercheurs de places , les
hommes à jugement faux , les dévots , les philo-
sophes à systèmes , et jugez du tumulte effroyable
qui doit résulter de cet amalgame incohérent ,
qui, jusqu'à présent, a mis en évidence beaucoup de faiseurs de lois de circonstances , mais
très-peu de législateurs.

Dans une des premières assemblées législatives , on avait proposé d'ôter à tout député du
peuple la faculté d'être promu à aucun emploi
salarié, à moins qu'il ne fût sorti depuis cinq ans
des fonctions législatives ; cette disposition qui
reçut alors l'approbation de tous les Français,
fut même, je crois, décrétée ; mais jamais elle
n'a reçu son exécution, parce qu'elle contrariait
trop directement le but secret de tous ces messieurs.

Lorsque dans ces assemblées dites nationales ,
un orateur propose une loi, le premier soin du
représentant législateur n'est pas de juger l'effet
que cette loi va produire sur l'ensemble de la
machine politique, mais par un retour très-naturel sur lui-même, il aperçoit d'un coup-d'œil
le résultat qu'elle aura sur ses propres intérêts;
de sorte que, par une conséquence très-juste
encore, il l'approuve ou la rejette selon qu'il la

croit favorable ou nuisible à ses affaires privées.

D'après cette expérience et l'évidence des faits, il nous faut donc renoncer à donner à nos députés le droit de concourir à la formation de la loi ; il faut les rappeler au vrai but de la représentation, qui est la libre discussion sur toutes les branches administratives, le droit d'observation, de remontrance, sur toutes les parties de l'ordre social ; enfin il faut qu'ils soient, pour ainsi dire, des juges politiques et non des législateurs.

Par l'effet de la création des divers corps de l'état dont il sera parlé ci-après, toutes les places, tous les emplois salariés quelconques se trouvant occupés et par le droit et par le fait, nos députés n'auront plus de faveurs à espérer du pouvoir exécutif ; et comme ils n'auront ni loi à émettre, ni décret à rendre, leurs luttes d'opinions, leurs factions, leurs intérêts privés ne pourront en aucune manière entraver la marche du gouvernement.

Je vais sans doute être accusé de ne former de la représentation nationale qu'un corps inutile, une assemblée d'automates ; mais en parcourant les articles qui suivent, le lecteur s'apercevra bientôt que je leur donne réellement une influence plus active et beaucoup moins dangereuse.

PROJET DE LOI.

La chambre des représentans se compose de tous les députés nommés par les électeurs de départemens, elle s'assemble de plein droit et à jour fixe désigné par la loi.

La session de cette assemblée est de six mois ; elle ne peut être dissoute par aucune autorité, mais peut être prolongée par décret du sénat sanctionné par le monarque.

Les représentans ne sont point salariés ; ils reçoivent une indemnité journalière, pour le temps seulement qu'ils sont en fonctions, et qui est payée par leurs départemens respectifs.

Les représentans sont élus pour trois ans ; ils peuvent être réélus indéfiniment, et leurs séances sont toujours publiques.

Ils nomment, hors de leur sein et à leur gré, un journaliste chargé de publier leurs séances et leurs diverses opinions.

La représentation nationale nomme ses présidens, ses secrétaires, et tous les officiers nécessaires à la police du palais où elle tient ses séances.

Elle nomme des commissaires chargés de la comptabilité du trésor public.

Elle présente des listes de candidats pour les places vacantes dans le sénat, à la cour de cassation et au comité général d'instruction publique.

La représentation nationale a pour but d'appeler la discussion sur toutes les branches de l'administration, sur toutes les parties de l'ordre social ; de présenter au sénat ou au monarque ses observations sur les lois faites ou à faire, ainsi que sur la conduite des agens chargés de les faire exécuter.

Les représentans peuvent charger leur comité de rédiger, d'après leurs vues, des projets de changemens sur quelque partie que ce soit ; mais aucun de ces projets ne peut être transformé en loi, que par un décret du sénat sanctionné par le monarque.

Les cas où la représentation nationale a le droit de concourir à la formation de la loi sont tous prévus et indiqués par la présente constitution.

Tous les ans, à la fin de sa session, la chambre des représentans désigne vingt de ses membres qui sont admis temporairement dans le sénat, et y ont voix délibérative.

Les représentans admis temporairement dans le sénat, pendant l'intervalle d'une session à l'autre, rentrent dans leur corps le jour fixé pour l'ouverture de cette chambre : ils sont le noyau de l'assemblée représentative qui va se former ; et l'un d'eux la préside jusqu'à ce qu'elle ait créé ses bureaux.

CORPS ADMINISTRATIF.

Lors de la création de l'empire français, les orateurs de Bonaparte établirent en principes, *qu'il faut de grands corps pour soutenir les grands états.* Oui sans doute, lorsque ces corps ne sont autre chose que le résultat naturel de la classification des pouvoirs et non celui des priviléges et de l'arbitraire d'une caste. Ces corps, à mon sens, sont et doivent être l'administratif, le judiciaire, celui chargé de l'instruction publique, etc. etc.

Ce n'est point avec un esprit de jalousie ni de haine que le législateur doit examiner l'institution de la noblesse; ce corps privilégié jusqu'à nos jours est-il nécessaire à l'ordre social? Voilà la question.

Dans l'origine de la société, nul doute que toutes ces distinctions de naissance n'étaient pas connues et ne pouvaient l'être; les hommes sortis des mains de la nature sont tous aussi bruts, aussi sauvages les uns que les autres; la seule différence qui existe entr'eux consiste seulement en un peu plus ou un peu moins de forces physiques.

Mais dans l'état de civilisation, lorsque des coutumes, des usages sont établis, la force n'est plus rien; les connaissances, l'éducation, l'instruction remplacent nécessairement le droit du

plus fort , et donnent à celui qui en est pourvu
une supériorité réelle sur ses semblables.

Chaque pas que les hommes ont fait vers la
civilisation leur ayant prouvé l'impossibilité d'é-
tablir un gouvernement purement démocratique,
ils se sont vus forcés de confier l'administration
publique à une portion choisie parmi les citoyens,
dont le mérite , la fortune et l'aptitude les fi-
rent juger propres à cet emploi.

Une fois investis de l'autorité publique , ces
élus de la multitude ne manquèrent pas d'a-
buser de leur pouvoir ; et ce résultat est parfaitement conforme à l'organisation de l'espèce
humaine. Les hommes sont toujours hommes.
Nul animal créé ne peut manquer à son instinct :
et de là est venue cette lutte sanglante et éter-
nelle entre les patriciens et les plébéiens.

Il fut un temps où l'habitude de commander ,
jointe à la fortune et à la naissance, donnait
aux nobles une prééminence réelle et affective
sur les habitans de leur patrie. Mais de nos jours,
le commerce d'une part et l'imprimerie de l'autre
ont fait disparaître tous ces moyens de supériorité. Le roturier le plus ignare devient en peu
d'années aussi riche que le plus grand seigneur ;
le clerc de procureur, avec un peu d'étude, peut
être bientôt plus instruit que tout un noble conseil d'état ; de sorte que cet art sublime et mys-
térieux de gouverner les peuples est devenu le
secret de la comédie. Attacher aux citoyens les

mains derrière le dos, afin de pouvoir avec plus
d'aisance et de sécurité fouiller dans leurs poches,
voilà d'honneur à quoi se réduit le grand talent
de nos seigneurs et maîtres.

Malgré cela, toujours est-il vrai qu'il est absolument nécessaire qu'il y ait dans un état, non
une caste, mais une classe privilégiée à qui seule
appartienne le droit d'occuper les places administratives ; mais ce n'est plus au ridicule droit
de naissance que nous devons accorder cet avantage ; les talens, le mérite et le génie doivent
seuls avoir la préférence.

La création du corps administratif tel que je
le propose ici, me semble réunir tous les avantages, sans avoir à craindre aucun inconvénient.
Une grande faute des peuples est d'avoir toujours
aveuglément abandonné à leurs gouvernans le
choix de leurs agens d'exécution ; l'expérience
constante des siècles et surtout les orages de notre
révolution, nous ont montré qu'à chaque changement de ministère, à chaque culbute de fac-
tion, le parti vainqueur se hâtait bien vite d'appeler aux fonctions publiques leurs nombreux
sicaires tout fraîchement encore sortis des égouts
de la capitale et des provinces.

L'adoption de cette mesure chasse nécessairement des antichambres cette foule d'intrigans
qui sollicite, harcèle le ministère ; et messieurs
les ministres eux-mêmes n'auront plus l'occasion
de prendre cet air dédaigneux de protection qui

de tout temps éloigna l'homme de mérite et multiplia les valets.

PROJET DE LOI.

Le corps administratif se compose de tous les individus qui nés Français et de parens français, et après avoir subi les examens indiqués par la loi, sont jugés dignes d'y entrer.

Les candidats agréés pour faire partie du corps administratif sont seuls admissibles aux places de l'administration publique.

Ces places sont : celles de ministres, conseillers du monarque, ambassadeurs, consuls, secrétaires de légation, commissaires de police générale, commissaires des guerres et de marine, ordonnateurs, préfets, sous-préfets, enfin toutes places administratives autres que celles de comptables des deniers publics, qui, exigeant des cautionnemens, sont données à de simples citoyens.

Les membres du corps administratif ne peuvent, sous aucun prétexte, occuper d'autres places que celles qui leur sont dévolues par l'acte constitutionnel.

Ils sont aux ordres et à la disposition du monarque, qui, en cas de faute grave, peut les destituer, mais remplit les emplois vacans toujours par des individus pris dans le même corps.

Tous les ans, à époque fixe, les jeunes Fran-

çais qui désirent entrer dans le corps administratif se présentent à un comité temporairement créé à cet effet et chargé de les examiner.

Ce comité se compose d'un nombre de membres fixés par la loi et pris, savoir : un quart parmi les représentans, un quart dans le comité général de l'instruction publique, un quart dans le sénat et un quart dans le corps administratif, ces derniers désignés par le monarque.

La loi désigne les objets sur lesquels ces jeunes gens doivent être interrogés.

Les candidats définitivement reçus dans le corps administratif sont répartis dans les divers bureaux et sont seuls destinés à monter de grade en grade jusqu'aux places supérieures de l'administration publique.

Les membres du corps administratif ne peuvent se marier sans en avoir préalablement obtenu le consentement du chef du pouvoir exécutif.

CORPS JUDICIAIRE.

Les hommes en général sont toujours justes, lorsqu'ils n'ont à prononcer que sur les intérêts d'individus perdus dans la foule, et desquels ils ne pensent pas avoir jamais rien ni à craindre ni à espérer ; mais l'équité disparaît aussitôt que l'on se croit intéressé directement ou indirectement à opprimer l'innocence.

L'impartialité stoïque qui est la première qualité d'un juge est extrêmement difficile à obtenir ; d'Aguesseau lui-même en convenait, et c'est cette difficulté qui faisait penser à un légiste célèbre qu'il serait peut-être nécessaire de séquestrer entièrement de la société les arbitres de la fortune et de la vie des citoyens, afin qu'ils n'eussent plus l'occasion d'être séduits, soit par leurs passions, soit par les intrigues des solliciteurs.

L'homme civilisé se représente l'être suprême souverainement juste, parce que l'immense distance qui le sépare de ses créatures ne permet pas de supposer en lui la moindre partialité : et il est de fait que si nous voulons perfectionner l'ordre judiciaire, il nous faut par tous les moyens possibles mettre nos juges bien au dessus de nous.

Les moyens pour parvenir à ce but sont : 1° l'éducation et l'instruction que nous avons droit d'exiger dans ceux qui se destinent à ces importantes fonctions ; 2° les honneurs que nous devons rendre à leur auguste ministère ; 3° leur indépendance politique qui les affranchisse de l'influence contagieuse de l'autorité ; 4° enfin, l'aisance, la fortune qui, en leur permettant de jouir de tous les agrémens de la vie, les mette au dessus des calculs d'un sordide intérêt.

C'est en raison de ce dernier motif que j'exige que les candidats aux places judiciaires soient propriétaires d'un capital qui leur assure au moins deux mille francs de rente, afin que ce

revenu patrimonial, joint aux émolumens attachés à leur emploi, nous permette d'espérer de
leur part le plus grand désintéressement.

Il est également et absolument nécessaire que
les juges ne soient pas sédentaires à poste fixe
dans un même tribunal; car les amis, les parens,
les femmes, les maîtresses, etc., et mille etc.,
influent beaucoup trop impérieusement sur l'esprit de ces messieurs. D'ailleurs la justice doit
être la même partout, et en faisant alterner les
juges des provinces du nord à celles du midi de
la France, nous faisons disparaître ces jurispru-
dences particulières qu'en dépit des lois s'appro-
prient déjà certains tribunaux.

PROJET DE LOI.

Le corps judiciaire se compose de tous les
individus qui, nés Français, et après avoir subi
les examens fixés par la loi, sont admis à y entrer.

Aux membres seuls du corps judiciaire appartiennent les places de juges près les tribunaux
civils et criminels, cours de cassation, justices
de paix, notaires, greffiers et légistes.

Les individus admis dans le corps judiciaire
ne peuvent occuper d'autres places que celles
qui leur sont accordées par l'acte constitutionnel.

Les juges de tous les tribunaux civils sont
nommés à vie; ils peuvent être destitués provi-
soirement par le monarque, mais ne peuvent
être jugés que par le tribunal de cassation.

Ce corps est représenté auprès du gouvernement par la cour de cassation qui siége dans la capitale, et se compose ainsi qu'il suit :

Lorsqu'une place vient à vaquer à la cour de cassation, la chambre des représentans forme une liste triple. Cette liste est présentée au monarque qui biffe à son gré l'un des candidats, et la cour de cassation choisit entre les deux qui restent.

Lorsqu'une place de juge vient à vaquer dans les tribunaux civils, justices de paix, etc. la cour de cassation forme une liste triple qu'elle présente au monarque et sur laquelle il nomme à la place vacante.

La cour de cassation nomme ses présidens, secrétaires et autres officiers nécessaires au palais où elle tient ses séances.

Les jeunes gens qui aspirent à entrer dans le corps judiciaire, après avoir subi les examens indiqués dans les écoles de droit, se présentent à jour fixe pardevant la cour de cassation qui nomme dans son sein un comité chargé de les interroger de nouveau.

Les jeunes gens définitivement reçus par la cour de cassation, prennent le titre de légistes ; ils sont répartis dans les divers tribunaux en qualité d'auditeurs, mais n'y ont pas voix délibérative ; ils peuvent être chargés de divers rapports en matière judiciaire, et sont destinés à succéder aux places vacantes d'après le mode indiqué.

Les aspirans aux emplois judiciaires sont en outre tenus de donner la preuve qu'ils sont propriétaires d'un capital qui leur assure au moins deux mille francs de rente.

Les juges ne sont point sédentaires et à poste fixe dans un même tribunal ; ils sont remplacés les uns par les autres, et chaque tribunal est chaque année renouvelé par tiers.

La présidence de chaque tribunal est accordée de droit au plus ancien des juges appelés à y siéger.

Les juges de paix sont sédentaires : ces emplois doivent être le prix de longs services et accordés comme une retraite honorable aux juges blanchis dans l'exercice de leurs fonctions.

CORPS DE L'INSTRUCTION PUBLIQUE.

Les hommes ont deux moyens puissans pour acquérir une influence et une supériorité réelle sur l'esprit de leurs concitoyens : ces deux moyens sont la fortune et l'instruction.

L'homme pauvre et ignorant est nécessairement timide et honteux ; il a précisément la dose de *couardise* nécessaire pour être conduit à la baguette.

L'homme riche au contraire, ou l'homme instruit, se présente hardiment ; il se fait craindre ou du moins respecter par les agens de l'autorité.

L'instruction publique répand parmi les citoyens cette égalité politique, indispensable à
l'ordre social ; et de là viennent ces discussions
éternelles entre les partisans de l'éducation et
les ardens apôtres de l'état d'ignorance.

Avec une population d'ignorans, on règne,
disent les uns.

Avec une population d'hommes instruits, on
administre, disent les autres.

Les rois et leurs agens veulent régner, les peuples veulent être administrés : qui donc l'em-
portera ?

A des idées nouvelles il faut des mots nouveaux ; à des institutions nouvelles il faut des
hommes nouveaux ; et c'est pourquoi, je pense
qu'il faut renoncer à pouvoir jamais établir une
constitution libérale, si l'instruction publique
ne lui sert de base.

PROJET DE LOI.

Le corps de l'instruction publique se compose
de tous les individus qui, nés Français et après
avoir subi les examens exigés par la loi, sont
admis à y entrer.

Aux membres seuls du corps de l'instruction
publique appartiennent les places d'administrateurs et d'instituteurs près les écoles primaires, ly-
cées, colléges, pensionnats et autres maisons d'é-
ducation des deux sexes.

Afin de mettre l'éducation à la portée d'un plus grand nombre de citoyens., ce corps sera doté ; et le prix de la pension des élèves sera en raison inverse du nombre d'enfans qu'un père de famille y fera élever.

Ce corps est sous la direction d'un comité général d'instruction publique qui réside dans la capitale et se compose d'un nombre d'instituteurs fixé par la loi.

Le comité général d'instruction publique est nommé, ainsi que la cour de cassation, sur une liste triple formée par la représentation nationale et sur laquelle le monarque ayant biffé l'un des candidats, le comité général choisit entre les deux qui restent.

Le corps d'instruction publique peut prendre à sa solde des professeurs étrangers.

Tous les ans, à époque fixe, les jeunes gens qui désirent être admis dans le corps de l'instruction publique se présentent au comité général à l'effet d'y subir les examens indiqués par la loi.

Le comité général procède à cet examen après s'être adjoint un nombre désigné de représentans et un nombre égal d'administrateurs nommés par le monarque.

Les jeunes gens reçus définitivement par le comité d'examen sont répartis dans les diverses maisons d'éducation en qualité d'adjoints aux instituteurs, et sont destinés à succéder à ceux-ci en raison de leur zèle et de leurs talens.

Lorsqu'une place d'instituteur vient à vaquer dans une maison d'éducation, le comité général présente au monarque une liste triple de candidats sur laquelle il nomme celui qu'il destine à remplir cette place.

Le comité général nomme le rédacteur d'un journal chargé de publier ses décisions et tout ce qui a rapport à l'instruction publique.

Les femmes qui ne sont pas sous puissance de maris (filles ou veuves) sont admises dans ce corps, en partagent tous les avantages, mais ne peuvent être membres du comité général. Elles sont destinées à diriger les maisons d'éducation de leur sexe, elles prennent le titre de dames institutrices.

Nota. Admettre les femmes dans le corps de l'instruction publique paraîtra peut-être une disposition sinon ridicule, au moins inutile ; il est cependant très-vrai que le coup de maître d'un prévoyant législateur serait, par de sages institutions, de les intéresser à la réussite de ses projets et au maintien de son ouvrage.

SÉNAT.

Je viens de voir un peuple, disait un étranger sortant d'Athènes, chez lequel les sages se taisent et obéissent, et où les fous délibèrent et commandent.

En peu de mots, voilà notre histoire depuis la

révolution. La fougueuse démocratie , d'une part, et l'ombrageux despotisme, de l'autre, ont constamment écarté les sages et n'ont appelé à leur aide que les fous et les séides.

La manière dont je compose ici le sénat français me semble ne rien laisser à désirer. Toutes les classes de la société qui par devoir ou par intérêt sont obligées d'acquérir de l'instruction, sont appelées à le composer. Le mode que j'indique pour effectuer les nominations à ces places importantes ne laisse absolument aucune voie à l'intrigue ni à la faveur, et je pense que si l'ordre social n'est pas le résultat des délibérations d'une pareille réunion, il faut renoncer à pouvoir jamais organiser une assemblée délibérante et par conséquent une constitution politique; enfin un sénat doit être le panthéon des hommes vivans.

PROJET DE LOI.

Le sénat se compose de cent membres à vie et de vingt temporaires.

Les sénateurs à vie sont pris, savoir :

Vingt dans le corps administratif,

Vingt dans le corps judiciaire,

Vingt dans le corps de l'instruction publique,

Vingt parmi les citoyens qui sont ou ont été représentans,

Vingt parmi les officiers de terre et de mer.

Les sénateurs temporaires sont pris dans le

sein de la représentation nationale, et nommés par cette chambre à la fin de chacune de ses sessions.

Les sénateurs à vie sont nommés de la manière suivante :

Lorsqu'une place vient à vaquer dans un des corps qui constituent le sénat, le monarque, la cour de cassation, le comité d'instruction publique et les représentans présentent chacun un candidat pris dans le corps qui n'est pas porté au complet.

Cette liste de quatre individus est présentée au sénat qui, à la majorité absolue, se choisit parmi eux un collègue.

Le sénat ainsi que le monarque a l'initiative des lois, il vote les impôts, les levées d'hommes, etc.

Toute loi ou décret rendu par le sénat est soumis à la sanction du monarque.

En cas de refus de sanction de la part du monarque, le sénat discute les observations qu'il a faites, les modifications qu'il exige.

Dans le cas de refus continuel de la part du monarque, la loi qui est l'objet de la discussion est alors présentée à la chambre des représentans, qui, faisant les fonctions de juges politiques, forcent par leur décision, ou le monarque à lui donner sa sanction, ou le sénat à la retirer ou à la modifier.

Le sénat nomme à son gré, et hors de son sein, un journaliste chargé de publier ses séances et ses discussions.

Le sénat est permanent ; ses séances sont publiques ; mais il se forme en comité secret quand il le juge à propos.

Le sénat peut exclure de son sein un de ses membres dont la conduite civile ou politique déshonorerait ce corps : cette délibération doit être prise aux trois quarts des voix.

POUVOIR EXÉCUTIF.

Nous voici donc arrivés à la pierre d'achoppement contre laquelle ont échoué jusqu'à nos jours les plus célèbres législateurs.

Serons-nous plus heureux, et trouverons-nous enfin un mode de constitution politique qui réunisse à la fois et la force centralisée d'une monarchie, et les avantages que présentent les institutions démocratiques ?

En général, ce ne sont pas les rois que les peuples détestent ; tous les citoyens sentent l'indispensable nécessité d'avoir un chef unique, légitime et héréditaire. Ils n'abhorrent que cette foule d'agens, tant sacrés que civils, qui s'établissent à chacune de nos portes, surveillent, ordonnent jusque dans l'intérieur des ménages, et hypothèquent leur fortune sur la masse de vexations qu'ils nous feront éprouver.

PROJET DE LOI.

Le gouvernement de la France est monarchique ; le chef du pouvoir exécutif est un monarque avoué par la nation.

Le trône est héréditaire de mâle en mâle en ligne directe, et c'est la seule place qui ait cet avantage.

Le monarque commande les armées de terre et de mer, il veille à la sûreté intérieure et extérieure, et sanctionne toutes les lois.

Il lève les impôts votés par le sénat, mais ne peut asseoir aucune contribution ni conscription sans une loi préalable.

Il nomme les ministres, les ambassadeurs, les officiers de terre et de mer, ainsi que tous les agens d'exécution.

Le corps administratif est à sa disposition, et c'est parmi les membres qui le composent qu'il est tenu de prendre tous les sujets pour remplir tous les emplois administratifs.

Le monarque nomme à son gré le rédacteur d'un journal officiel, un commissaire près les tribunaux civils, près la cour de cassation, près le sénat et la chambre des représentans.

Sur une liste triple présentée par la cour de cassation, il nomme tous les juges civils.

Sur une liste triple présentée par le comité d'instruction publique, il nomme aux places d'instituteurs et directeurs des maisons d'éducation.

Le monarque promulgue les lois ; il est tenu de motiver son refus de sanction aux lois et décrets du sénat.

Il sollicite auprès du sénat la création de nouvelles lois, de nouveaux impôts ou levées d'hommes.

Il fait consigner dans son journal ses observations sur les refus du sénat, afin que l'opinion publique se forme sur le sujet de leurs discussions.

Le monarque est seul chargé des relations diplomatiques ; il déclare la guerre, il fait la paix.

La création temporaire des tribunaux extraordinaires et spéciaux, la déclaration d'une portion du territoire français en état de guerre, d'une ville en état de siége, s'accordent par le sénat sur la demande nécessaire du monarque.

Le monarque peut, en des cas urgens et par l'effet d'événemens non prévus par les lois, prendre tel arrêté qu'il jugera convenable, sauf, après l'exécution, à en rendre compte au sénat.

Le monarque distribue les diverses marques distinctives ou décorations personnelles pour honorer le mérite et la valeur ; mais il est tenu de motiver la raison de toutes ces faveurs dans la liste qu'il en présente tous les ans au sénat.

Tous les ans, à l'ouverture de la session de la représentation nationale, le monarque, en cérémonial distingué, se rend dans la salle de ses séances, et dans un discours y rend un compte détaillé de son administration et de la situation civile et politique de la France.

Le monarque décide des ouvrages et travaux publics à faire, tels que canaux, grandes routes, alignemens ou créations de nouvelles rues dans les villes, fortifications, embellissemens, mais ne peut aliéner aucune portion du territoire français sans le consentement du sénat.

Le monarque est seul chargé de la direction des fêtes et cérémonies publiques.

Le monarque ni les princes français ne peuvent se marier sans en avoir obtenu l'agrément du sénat.

Le monarque a le droit de grâce, modification ou commutation des peines infligées aux coupables par les tribunaux criminels de toute espèce.

CAS DE LA CRÉATION D'UN RÉGENT.

Nous avons décidé que dans tout gouvernement le chef de l'état devait être héréditaire, parce qu'il était essentiel de prévoir et d'éviter les troubles inséparables des formes électives; mais il est très-possible que ce chef ne soit qu'un homme inepte, il faut donc qu'une sage constitution prévoie ce cas infiniment dangereux.

Cette position est une maladie des plus critiques du corps social; il est extrêmement difficile de préciser le moment d'appliquer le remède, et je pense que ce n'est qu'à la sagesse des premières autorités qu'il appartient de parer aux suites qu'elle peut avoir.

Un père de famille est l'administrateur, l'usufruitier de sa fortune, qu'il doit conserver et même accroître pour le bien-être de ses enfans ; le monarque n'est lui-même que l'administrateur de la fortune publique.

Les lois civiles et les juges qui en sont les organes, ne se décident qu'avec peine à priver un père de famille de l'administration de ses biens ; pour obtenir d'eux un pareil jugement, il faut avoir à présenter des motifs tellement puissans, tellement majeurs, qu'il ne reste plus aucun doute sur l'inconduite ou l'impéritie de ce père de famille. Or, les lois politiques doivent de même être extrêmement réservées sur un point aussi délicat, et leurs organes doivent long-temps réfléchir avant de se décider à ôter au chef légitime l'administration des affaires publiques.

PROJET DE LOI.

A chaque session représentative, le sénat ou la chambre des députés peut demander que, vu la situation des affaires politiques, il soit créé un régent.

Cette proposition, pour être adoptée, doit être prise au nombre des trois quarts des votans, soit

dans le sénat, soit dans le sein de la représentation.

La proposition étant agréée, le sénat forme
une liste de cinq individus pris parmi les princi-
paux agens du pouvoir exécutif, sur laquelle liste
les représentans choisissent le régent qui doit
remplacer le monarque dans l'administration des
affaires publiques.

Ce régent est nommé pour cinq ans ; il peut
être réélu indéfiniment, et n'agit jamais qu'au
nom du monarque.

Cette disposition ne dérange en rien l'hérédité
au trône.

CAS DE LA MISE EN JUGEMENT DU MONARQUE.

Vouloir établir l'inviolabilité constante du premier fonctionnaire public, est, à mon sens, une
de ces monstruosités politiques qui décèle le vice
de la législation qui a sanctionné un pareil abus.
Mettre légalement un homme quel qu'il soit à
l'abri de la vengeance des lois, dans la crainte
de désorganiser les lois, c'est avouer que ces lois
ne sont pas bonnes et ne dominent pas seules
l'universalité des citoyens.

Par la création d'un régent, nous avons prévu
les inconvéniens qui résulteraient de l'impéritie
du monarque ; mais si le monarque n'est lui-
même qu'un fourbe, qui vise à l'arbitraire et
cherche à détruire le pacte social en vertu du-

quel il gouverne son pays, son inviolabilité doit cesser et sa tête doit répondre de ses tentatives criminelles.

Cette responsabilité des ministres, que l'on s'est efforcé de présenter aux citoyens comme une garantie suffisante, n'est dans le fait qu'une vraie caricature politique ; et fût-elle même admise et exécutée, ce ne serait encore qu'une injustice ; car j'aimerais autant que l'on fît fusiller un caporal parce que son général a perdu la bataille.

Dans tout état, le chef suprême doit gouverner par lui-même : rien ne remplace l'œil du chef. Les peuples aiment à voir leur chef à leur tête ; ils obéissent bien quand on leur commande bien. Si ce chef est un sot, la nation, par l'organe de ses mandataires, lui donne un suppléant ; si c'est un traître, on le juge et on le punit.

PROJET DE LOI.

L'inviolabilité du monarque cesse, lorsque, pour quelque cause que ce soit, il quitte le territoire français sans une autorisation du sénat ;

S'il tente de changer les lois politiques par des moyens autres que ceux indiqués par la charte constitutionnelle ;

S'il commet des actes arbitraires contraires aux lois ;

S'il introduit dans son pays des troupes étrangères sans y être préalablement autorisé par une décision du sénat.

Dans les cas ci-dessus, le roi est jugé par la haute-cour, à laquelle se réunissent nécessairement en qualité de jurés les cent maires des cent villes les plus populeuses de la France.

HÉRITIERS DE LA COURONNE.

Lorsque les peuples appartenaient au roi, il était clair qu'il fallait dresser les premiers à peu près comme on dresse un cheval dont on se propose de faire sa monture ; mais comme aujourd'hui ce sont les rois qui appartiennent aux nations, il en résulte que les citoyens ont non-seulement le droit, mais encore le plus grand intérêt à surveiller l'éducation de ceux qui, par leur naissance, sont appelés au trône.

Des moines, des nobles, des prêtres ont été jusqu'à présent les seuls instituteurs de nos jeunes princes ; aussi la plupart d'entr'eux n'ont-ils jamais connu que l'art de se faire haïr ou mépriser de leurs peuples.

PROJET DE LOI.

L'éducation des enfans mâles des monarques français appartient au peuple.

Le sénat nomme seul aux places d'instituteurs, gouverneurs et autres officiers nécessaires à cet.

objet, et fixe les sommes destinées à cette dépense.

Le sénat surveille attentivement l'éducation des héritiers du trône ; il prend les instituteurs parmi les membres de l'instruction publique, ou parmi ceux de l'institut national ou académie, et les autres officiers dans le corps administratif.

Les héritiers de la couronne, ni les membres de la famille du chef de l'état, ne peuvent ni commander les armées, ni être reçus dans aucun des corps créés par la constitution ; ils peuvent seulement être admis comme auditeurs dans le conseil du monarque.

TRIBUNAUX ADMINISTRATIFS.

On vit quelquefois avant la révolution les parlemens défendre la cause de simples particuliers tourmentés dans leurs propriétés par les intendans des provinces ; et les tribunaux civils ayant succédé à ces suprêmes magistratures, on devait s'attendre à trouver en eux un abri contre les vexations administratives.

Une loi, qui devrait être sacrée, défend de s'emparer d'aucune propriété sans une juste et préalable indemnité ; mais qui pourrait nombrer combien de fois cette loi a été violée pendant le cours de nos orages politiques !

Un prétendu conseil d'état, des conseillers de préfecture, des préfets, des ministres, tous agens de l'autorité, se sont établis juges et parties dans

leur propre cause ; ils ont fait une distinction
des procès civils et des procès administratifs ; ils
ont bien voulu consentir à céder la connaissance
des premiers aux tribunaux ordinaires ; mais ils
se sont expressément réservé de prononcer sur les
plaintes qui étaient portées contre leur tyrannie.

Je pourrais citer de nombreux exemples de ce
despotisme d'agens subalternes. J'ai vu des préfets, des maires qui, sous le prétexte de réparer
les routes vicinales, ont vidé la caisse du département à aligner et confectionner l'avenue qui
conduisait à leur maison de campagne, et ont,
en conséquence, taillé dans le vif des propriétés
voisines. J'ai vu un ministre donner l'ordre de
creuser dans une prairie un vaste égout pour un
hôpital militaire, et menacer de toutes ses fu-
reurs le tribunal du lieu qui osa accueillir l'opposition juridique formée par le propriétaire.

Il n'est pas de département où ces violences
ne se soient renouvelées plusieurs fois, et de là
a découlé tout naturellement cette espèce de pa-
tronage que s'arrogent les employés des admi-
nistrations secondaires. Le plus mince commis
de préfecture a ses protégés, et malheur au citoyen qui ne fait pas précéder sa pétition par
quelque offrande destinée à se rendre favorables
ces curieuses divinités !

Je vais donc esquisser ici le projet de l'établis-
sement d'un tribunal que je crois propre à détruire ces abus ; et comme je me complais à ne

regarder les maires que comme les pères, les protecteurs des citoyens, c'est parmi eux que je vais prendre les juges que je destine à prononcer sur les affaires administratives.

Ce choix est d'autant plus avantageux, que, par le plan d'association politique que je propose, les maires seuls étant appelés à la représentation nationale, nous sommes assurés de n'avoir dans la chambre des députés que des hommes qui auront acquis nécessairement toutes les connaissances qu'exigent leurs fonctions.

PROJET DE LOI.

Dans chaque préfecture est établi par la constitution un tribunal administratif. La loi fixe le nombre des juges dont il se compose.

Les maires de chaque département, chacun à leur tour, sont appelés à y siéger.

Ces fonctions ne sont point salariées.

Les préfets ou sous-préfets remplissent auprès de ces tribunaux les fonctions de commissaires du roi.

Ces tribunaux sont destinés à connaître en première instance, de tous les différens qui peuvent s'élever entre les diverses communes du département.

Ils accueillent les pétitions, les plaintes des citoyens lésés dans leurs propriétés par les agens du pouvoir exécutif.

Ils répartissent entre les communes les impôts légalement décrétés.

Ils prononcent sur le dégrèvement des impositions réclamé par les citoyens, et enfin sur toutes les affaires administratives.

Les parties qui se croiront lésées par les jugemens de ces tribunaux, ont la faculté d'en appeler au sénat qui sur ces matières prononce en dernière instance.

LIBERTÉ INDIVIDUELLE.

Que ces éternels et perfides déclamateurs contre l'insubordination des peuples nous citent un seul cas dans l'histoire, tant ancienne que moderne, où des citoyens, des propriétaires, des marchands, des pères de famille, se soient insurgés par pur esprit de rébellion et pour le seul plaisir de la sédition.

Que ces augustes personnages nous présentent aussi un seul cas où la classe du peuple, communément appelée la canaille, se soit livrée à des écarts sans avoir été excitée au désordre par des hommes puissans qui, soit ouvertement, soit cachés derrière la toile, dirigeaient leurs mouvemens séditieux.

Sans aller puiser des exemples chez les peuples voisins, jetons les yeux sur nos propres annales, sur les événemens même dont nous éprouvons encore les funestes effets. Est-ce le peuple qui,

en dilapidant le trésor public, a été la première
cause de la révolution ? est-ce le peuple qui faisait
hausser le prix des subsistances, suscitait des
embarras aux ministres, soldait les agitateurs,
et faisait haïr ou mépriser la personne du monarque ?

Si nous remontons à des époques où ces idées
libérales n'étaient pas connues, nous leur deman-
derons quel fut le prétexte des frondeurs pour
s'insurger contre l'autorité royale ? qui figurait
alors parmi ces séditieux ? Le noble archevêque
de Paris et tout son noble clergé ; le noble par-
lement de Paris et plusieurs nobles parlemens
de province ; des princes du sang et des généraux
célèbres ; quantité de duchesses, comtesses,
toutes nobles, dévergondées et publiques ; enfin
une foule de gredins subalternes, nobles de ren-
contre qui profitaient de ces troubles pour piller
les campagnes et intercepter les grandes routes.

Je pourrais à l'infini multiplier ces exemples,
car notre histoire en est remplie. Je pourrais demander si c'est le peuple qui a aiguisé les poi-
gnards sous lesquels sont tombés tant de rois, et
excité ces guerres de religion si absurdes et si
impitoyables.

Si donc les faits que j'avance sont vrais, si
l'histoire les consigne à chaque page, j'en conclus
que les seuls séditieux à craindre dans un état
monarchique sont et ont été de tout temps les
nobles et les prêtres, espèce dangereuse qui s'as-

socia toujours avec la plus vile canaille, et dont les citoyens n'ont jamais été que les déplorables victimes.

Nous nous efforçons depuis long-temps de faire une bonne loi sur la liberté individuelle ; mais comment y parviendrons-nous, si préalablement nous ne tirons pas une ligne de démarcation bien prononcée entre l'homme sans aveu prêt à tout entreprendre, le noble et le prêtre prêts à tout sacrifier à leurs atroces projets ; et le paisible citoyen, dont l'active industrie produit seule les richesses de l'état, et dont les gouvernemens n'ont jamais rien eu à craindre ?

Nul doute que dans un état monarchique le souverain doit avoir le droit de faire arrêter un vagabond, un administrateur, un général dont la conduite lui paraîtrait suspecte ; les formes judiciaires, la lenteur des tribunaux n'ont jamais été réclamées que pour les citoyens ; c'est pour eux seuls enfin que furent créées les lois protectrices.

Tout individu qui occupe des places à la disposition du monarque, en profitant des honneurs et des émolumens attachés à son emploi, doit également supporter les désagrémens qui en sont inséparables, et personne n'a jamais trouvé mauvais que ces plats valets de l'autorité fussent frappés des coups du despotisme, qu'ils ne flagornent à grands traits que pour s'en faire un rempart contre l'indignation publique.

PROJET DE LOI.

Nul citoyen porté sur les rôles des impositions directes ne peut être arrêté qu'en vertu d'un mandat d'arrêt lancé par les autorités compétentes, et sur lequel sont énoncées les causes de son arrestation.

Copie dudit mandat d'arrêt doit être délivrée au maire de la commune dans laquelle a été faite l'arrestation.

Le maire, en sa qualité de protecteur de tout citoyen, est tenu de donner avis de toute arrestation faite dans sa commune, à tous ceux qui peuvent s'intéresser à la personne du détenu.

À cet effet, les maires ont en tout temps la libre entrée des maisons de détention, afin qu'ils puissent, en interrogeant les prisonniers, hâter le moment de leur délivrance.

Nota. Voilà comment je conçois les fonctions d'un maire, d'un officier municipal qui ne doit être que le père du peuple. Il est pour les agens de l'autorité ce que la chambre des députés est pour l'autorité elle-même, c'est-à-dire des surveillans. Les quarante mille municipalités qui couvrent la France, depuis la révolution, n'ont été jusqu'à présent que quarante mille petites aristocraties bien vexatoires et bien tyranniques.

Le citoyen arrêté est admis à donner caution pécuniaire ou immobilière, soit par lui-même, soit par ses amis.

Le taux du cautionnement exigé est cent fois le montant de ses impositions directes ; ainsi un citoyen payant mille francs d'imposition est tenu de donner un cautionnement de cent mille francs.

Un citoyen ainsi cautionné est libre de vaquer à ses affaires ; il est tenu de se présenter chaque fois qu'il en est requis ; toute tentative d'évasion lui fait perdre et le montant de son cautionnement et le droit d'y être admis de nouveau.

Les représentans, les sénateurs, les instituteurs et les membres du corps judiciaire sont admis au cautionnement en cas d'arrestation.

Les militaires, les membres du corps administratif, tous les employés à la nomination du monarque, ainsi que tous les individus qui ne payent aucune contribution directe, ne sont point admis au cautionnement.

LIBERTÉ DE LA PRESSE, JOURNAUX.

L'opinion publique est, dit-on, la reine du monde. Ce principe serait vrai si l'on pouvait lui donner un point d'appui inexpugnable contre le génie infernal de tous les genres de malfaiteurs. L'expérience de tous les siècles, et tout récemment nos excès révolutionnaires, ont prouvé que l'influence de quelques hommes puissans, que les vieux préjugés, et notamment le fer des bourreaux, n'ont que trop réussi à comprimer ou du moins à égarer l'opinion de la majorité.

Le seul point d'appui que puisse avoir l'opinion publique, le seul moyen de la former, est la
publicité des libres discussions des divers corps
constitués; or, en donnant à chacun d'eux la nomination d'un journal, je crois avoir atteint ce but;
je crois avoir paré aux inconvéniens que peut
présenter l'abus de la liberté de la presse, sans
avoir à craindre de perdre les nombreux bien-
faits qu'elle nous promet.

PROJET DE LOI.

Les papiers-nouvelles, feuilles périodiques, se
divisent en journaux officiels et en journaux libres.

Tout corps politique ou scientifique créé par
la constitution et les lois, nomme chacun le rédacteur d'un journal officiel, particulièrement destiné à rendre publiques les séances de ces divers
corps et les opinions des membres qui les composent.

Les journaux officiels sont, savoir:

1° Celui du chef de l'état, *journal administratif
et militaire;*

2° Celui du sénat;

3° Celui des représentans;

4° Celui du corps judiciaire;

5° Du comité général de l'instruction publique;

6° De l'institut national ou académie;

7° De la chambre du commerce de la capitale.

Ces sept journaux officiels étant pour ainsi

dire les directeurs de l'opinion publique, sont
soumis à la censure préalable des corps auxquels
ils appartiennent.

Tout Français peut faire imprimer tout livre
qui bon lui semblera, créer tout journal pério-
dique qu'il jugera à propos, sans être soumis
à la censure préalable d'aucune autorité. Le simple citoyen ne répond qu'aux lois de l'émission
de ses écrits et de ses opinions.

L'auteur d'un livre, le rédacteur d'un journal
officiel ou autre, accusé par de simples citoyens
pour injures personnelles, est jugé par les tribunaux ordinaires.

L'auteur d'un livre, le rédacteur d'un journal
officiel ou autre, dénoncé pour écrits incendiai-
res, provocation au meurtre, à la révolte, ou
autres abus de la presse, est jugé par la haute-
cour.

Les rédacteurs ou collaborateurs de toute
espèce de journaux sont tenus de signer en toutes
lettres les divers articles de leur composition.

DE L'IMPRIMERIE.

L'imprimerie est comme le soleil dont la bien-
faisante influence ranime la nature engourdie.

Dès que l'imprimerie a paru sur la terre, les
peuples se sont réveillés, la société a changé de
face, l'ignorance a disparu et les hommes ont
pu communiquer entr'eux.

Les abus que l'on reproche communément à l'imprimerie, sont : l'émission clandestine des libelles et pamphlets anonymes, les livres immoraux, enfin les contrefaçons.

Je suis extrêmement convaincu que si nous parvenons à rendre publics les noms de tous ces écrivains sans pudeur qui n'osent se déclarer les auteurs de leurs infâmes productions, nous réussirons à en éteindre l'espèce. Que de livres qui jamais n'eussent vu le jour, si leurs auteurs eussent été forcés de se faire connaître !

Si toute propriété doit être respectée, celle du génie doit être sacrée : le contrefacteur d'un ouvrage commet, à mon avis, plus qu'un vol, en enlevant au légitime propriétaire le juste produit de ses veilles et de ses travaux littéraires ; un bon livre est, à mon sens, une chose si utile à la société, que la reconnaissance publique ne fait rien de trop en prenant tous les moyens possibles pour assurer à son auteur la paisible jouissance de ses productions.

PROJET DE LOI.

Tout imprimeur est tenu de donner un cautionnement pécuniaire fixé par la loi.

Tout auteur ou éditeur d'un livre quelconque (ne fussent que des chansons ou des extraits de la Bibliothèque bleue), est tenu de se présenter aux autorités locales pour faire la déclaration de l'ouvrage qu'il a intention de publier.

Les autorités, dans un registre *ad hoc*, prennent note de cette déclaration, y consignent les noms, prénoms, domicile de l'auteur, et tels autres renseignemens qu'elles jugent convenables, et sans autre opposition ni formalité, délivrent un récépissé de la déclaration dûment signée.

Nul imprimeur ne peut se permettre de rien imprimer, sans être nanti dudit récépissé qui lui sert de toute garantie pardevant les autorités.

Toute production qui aura plus d'une demi-feuille d'impression est soumise au timbre public, qui sera appliqué en tête de la première page du premier feuillet de chaque volume, et de plus chaque imprimeur est tenu d'avoir un timbre particulier qu'il applique à la dernière page de chaque volume.

Toute brochure qui n'aura qu'une demi-feuille d'impression n'est point tenue à recevoir le timbre public, mais seulement le timbre particulier de l'imprimeur.

Les auteurs, éditeurs ou imprimeurs d'un ouvrage quelconque sont tenus de mettre en toutes lettres leurs noms et prénoms en tête de toutes leurs productions.

Il est expressément défendu à tout citoyen d'acquérir aucun livre ou brochure qui ne serait pas timbré conformément aux dispositions du présent réglement.

PÉTITIONS, ADRESSES.

Très-humbles remontrances, très-humbles requêtes, très-humbles suppliques, très-humbles placets ; tel était jadis l'intitulé des diverses pétitions qui étaient présentées aux rois, soit par les parlemens, les diverses corporations, ou les simples particuliers.

Jamais le droit de pétition n'a été méconnu, et l'esclave lui-même a toujours été libre de chercher à adoucir son sort en adressant à son maître ses plaintes et ses réclamations.

Une chose assez plaisante à observer, c'est que, pendant le cours de la révolution, les divers gouvernans qui se chassaient mutuellement, ont tous essayé de se populariser, en ayant l'air, pendant deux ou trois mois, d'accueillir les pétitions des citoyens. A chaque revirement de parti, nous avons vu arriver dans les provinces les réponses des nouveaux ministres qui, très-civilement, très-poliment, accueillaient les demandes des divers particuliers ; mais les trois mois étant écoulés, une pétition n'était plus à leurs yeux qu'un acte d'insubordination.

Dans toutes les institutions humaines, le mal étant constamment à côté du bien, je n'ignore point que beaucoup d'individus n'ont pas manqué d'abuser étrangement du droit de pétition, en fatiguant les autorités par des milliers de demandes injustes et souvent ridicules ; mais il est aisé de parer à cet inconvénient, en exigeant d'abord du pétitionnaire qu'il remplisse quelques formalités ; secondement, en rendant publics et leurs noms et les motifs de leurs réclamations.

Les adresses, les pétitions sont un moyen sûr de connaître l'opinion publique, il ne présente aucun inconvénient, c'est une voie légale, juste, pour en imposer aux factions et aux intrigues des palais et des bureaux, et faire parvenir à l'autorité les vœux des citoyens.

PROJET DE LOI.

Toute adresse ou pétition qui sera présentée par de simples citoyens, au sénat, au roi, ou à la chambre des représentans, doit être faite sur papier timbré.

Nulle adresse ou pétition ne peut être faite en nom collectif. Les signatures des pétitionnaires, si elles sont nombreuses, prennent un numéro d'ordre afin que d'un coup-d'œil on en voie le nombre.

Toute adresse ou pétition signée et cachetée par son auteur, est présentée au receveur de l'enregistrement qui l'apostille et reçoit la somme de trois francs.

Nulle adresse ou pétition ne peut parvenir aux autorités ci-dessus énoncées que par la voie des maires de chaque commune à qui elle est remise revêtue des formalités exigées.

La chambre des représentans, le roi, le sénat, prennent en considération toutes les adresses ou pétitions s'ils le jugent à propos, mais ils sont tenus de faire consigner dans le journal officiel qui est à leur disposition et les noms des pétitionnaires et les motifs de leurs demandes.

TRÉSOR PUBLIC.

APPOINTEMENS DES PREMIERS FONCTIONNAIRES PUBLICS.

Voici, messieurs, le point de mire de tous les administrateurs, de tous les salariés depuis les premiers chefs jusqu'au plus simple subordonné ; tous dévorent des yeux et de la pensée la dilapidation du trésor public, et ils s'indignent qu'il ne leur soit pas permis d'y remplir à leur gré et leurs mains et leurs poches.

Les hautes classes administratives tiennent à la vérité le râtelier un peu élevé à leurs inférieurs, mais entr'eux le cas est différent, et de tout temps, et dans tous les pays, c'est à leur avidité dilapidatrice que l'on a dû l'augmentation progressive des impôts, la misère générale et la ruine des états.

PROJET DE LOI.

Le trésor public est régi par sept employés, savoir : cinq commissaires nommés par la cham-

bre des représentans et pris nécessairement parmi
les simples citoyens qui sont les plus imposés sur
les rôles de la contribution foncière, plus un
inspecteur nommé par le sénat et pris dans son
sein, plus un second inspecteur nommé par le
monarque et pris dans le corps administratif.

La représentation seule détermine le mode de
comptabilité et tout ce qui a rapport à l'ordre à
établir dans les bureaux de la trésorerie.

Les commis et autres employés à la trésorerie
sont nommés par les cinq commissaires et pris
parmi les simples citoyens.

Tous les ans, à l'ouverture de la séance de la
chambre des représentans, la commission du
trésor public se présente à sa barre et rend
compte de sa gestion.

Les fonds nécessaires au service public sont
accordés au pouvoir exécutif par un décret du
sénat, d'après l'état ou budget que présente le
monarque.

La représentation nationale seule fixe pour
cinq ans la quotité des appointemens accordés
aux premiers fonctionnaires publics, savoir : au
chef de l'état, au sénat, au comité de l'instruction publique, aux membres de la cour de cassation, etc. etc.

Une loi détermine le taux des appointemens
de tous les autres fonctionnaires publics ou employés.

GARNISON DE LA CAPITALE, GARDE DU MONARQUE.

Les peuples sont sans doute intéressés à orner le trône de toute la splendeur, de toute la magnificence dont il est susceptible. Une garde doit en tout temps entourer le monarque, non pour servir le despotisme, mais pour préserver le chef de l'état de toute insulte, de toute atteinte, de tout projet liberticide; les soldats qui composent cette garde ne doivent point être laissés au choix du dépositaire de l'autorité, car l'expérience constante nous a prouvé qu'ils ne seront bientôt que de perfides janissaires ou d'insolens prétoriens. Tous les militaires français, sans aucune distinction, doivent chacun à leur tour être appelés à former la garde du monarque et des premières autorités de la capitale.

PROJET DE LOI.

La garnison de la capitale se compose de dix-huit mille hommes de toute arme.

Cette garnison se renouvelle par tiers tous les quatre mois; chaque régiment à son tour y est appelé.

L'état-major de cette garnison se compose de tous les officiers généraux, soit en chef, soit divisionnaires, et il est renouvelé par tiers tous les quatre mois.

Le commandant en chef de cette garde est renouvelé tous les mois, il est pris dans l'état-major et tiré au sort en présence du sénat.

Tous les militaires appelés à composer la garnison de la capitale reçoivent une augmentation de paie égale à la moitié de leur solde, pendant tout le temps qu'ils font partie de cette garnison.

Ils sont aux ordres du monarque qui en dispose pour le maintien de l'ordre public.

Nulle autre troupe, nul autre corps armé ne peut traverser la capitale ni y séjourner sans l'autorisation du sénat réclamée par le monarque.

HAUTE-COUR.

Les moyens constitutionnels pour fixer convenablement et irrévocablement l'autorité des rois, la définition et l'étendue de la liberté individuelle dont doivent jouir les citoyens : voilà des questions que les législateurs ont toujours regardées comme des problèmes politiques difficiles à résoudre.

Tout le monde sent aujourd'hui l'absolue nécessité d'entourer le pouvoir exécutif d'une grande masse d'autorités. Mais chacun aussi, averti par l'expérience, redoute l'abus qui est le résultat presque obligé de cette dangereuse concession.

Anarchie ou despotisme, despotisme ou anarchie : voilà dans le fait l'épouvantable alternative que présente l'histoire de toutes les nations de la terre.

Il me semble cependant que cette difficulté disparaîtrait si l'on voulait considérer que jamais on ne vit s'insurger des propriétaires, des négocians, des pères de famille. Que de misères, que d'angoisses, que de tribulations ne supportent pas les citoyens avant que de lever l'étendard de la rébellion! L'audace et l'impudence de leurs persécuteurs n'est fondée que sur cette incroyable patience à tout souffrir plutôt que de secouer les brandons de la guerre civile.

Quel est l'intérêt des peuples? C'est d'être administrés sagement, de n'être pas trop foulés par les impôts, et d'être protégés dans leurs personnes et leurs propriétés.

Quel est l'intérêt des rois? C'est que leur autorité soit respectée, que les lois soient exécutées et que les peuples à peu près heureux les laissent jouir en paix et du trône et des avantages qu'il procure.

Mais par contre quel est l'intérêt des agens des rois? C'est de tout bouleverser, c'est de vexer et piller les peuples, c'est d'exaspérer les provinces par leurs concussions, d'appeler révolte et sédition les réclamations les plus justes, c'est enfin de créer de prétendus tribunaux qui étouffent dans le sang de leurs victimes les cris de la douleur et du désespoir.

Laissons donc la puissance des rois s'appesantir à volonté sur leurs agens, sur leurs favoris, et créons des tribunaux protecteurs où les citoyens

puissent trouver un asile assuré contre les violences et les exactions du despotisme.

PROJET DE LOI.

Les simples citoyens, les sénateurs, les représentans, les instituteurs, les membres du corps
judiciaire qui seront accusés de conspiration contre l'état, crime de lèse-majesté, cris séditieux,
sédition armée, abus de la liberté de la presse ou
autres délits politiques, sont jugés par la haute-
cour.

Les militaires, les administrateurs et tous les
employés à la nomination du monarque qui seront accusés des crimes ci-dessus énoncés sont
jugés suivant l'ancien usage, soit par des conseils
militaires, soit par des commissions spéciales
nommées par le chef de l'état.

La haute-cour se compose ainsi qu'il suit :

Dix représentans,

Dix instituteurs,

Dix sénateurs,

Dix membres de la cour de cassation.

Les quarante membres qui sont destinés à composer la haute-cour sont tirés au sort par l'accusé
lui-même ou par son défenseur.

Ce tribunal est temporaire et se dissout nécessairement après avoir rendu son jugement sur les
causes qui ont provoqué sa formation.

Le monarque, le sénat, la chambre des représentans, peuvent seuls, quand ils le jugent à propos, requérir la formation de la haute-cour ; mais elle ne s'assemble qu'autant que deux de ces autorités sont d'accord pour en exiger la réunion.

La haute-cour nomme son président, ses secrétaires, ses rapporteurs.

ACADÉMIE FRANÇAISE.

Otez à un peuple quelconque les avantages que peuvent lui procurer l'éducation, l'instruction, les arts et les sciences, et ce ne sera plus alors qu'un troupeau de brutes qui ne peut être conduit que la baguette à la main et avec l'épouvantail des terreurs religieuses.

Je défie quel législateur que ce puisse être de pouvoir jamais établir une constitution libérale si l'instruction publique n'est pas la base de son ouvrage.

Ces vérités sont aujourd'hui connues de tout le monde, et le principal mérite de quelques-uns de nos rois a été l'encouragement qu'ils ont donné aux progrès des lumières, ainsi que les dons pécuniaires et honorifiques qu'ils accordaient quelquefois aux savans et aux artistes distingués.

Je pense donc qu'un peuple, qu'une nation dont l'existence politique repose sur la civilisation, doit avoir dans sa charte constitutionnelle un article spécial destiné à reconnaître l'existence légale d'un corps d'hommes savans réunis sous le titre d'institut national ou académie. Je pense que nous ne devons plus laisser au caprice des rois la faculté d'accorder ou refuser à volonté les justes récompenses que l'on doit au génie et aux hommes de mérite.

Il est sans doute inutile de signaler ici les abus qui n'ont cessé d'exister dans l'académie française depuis le jour de sa création. Chacun sait que plusieurs de ceux qui y ont été admis méritaient fort peu l'honneur de siéger dans une réunion aussi recommandable; chacun sait que l'influence seule du pouvoir les y avait placés, qu'ils n'y étaient que comme espions et destinés seulement à avoir toujours à la main l'encensoir flagorneur de la bassesse et de la servilité.

Le dépôt sacré des sciences et des arts doit donc être confié à un corps de savans parfaitement libre et affranchi de toute entrave ministérielle. L'admission dans ce sanctuaire de toutes les connaissances humaines doit être une récompense nationale que le peuple, que la nation adjuge au mérite par l'organe de ses premiers mandataires ; et par l'effet de cette disposition, nous aurons lieu d'espérer de ne plus voir se renouveler ces intrigues académiques qui n'ont que trop souvent déshonoré la république des lettres.

PROJET DE LOI.

L'académie française ou institut national se divise en trois classes, et chaque classe se compose d'un nombre de places ainsi qu'il suit, savoir :

1re CLASSE. — HAUTES SCIENCES.

Mathématiciens.
Chimistes.
Astronomes.
Naturalistes, etc. etc.
} Trente places.

2me CLASSE. — LITTÉRATEURS.

Historiens.
Poètes.
Auteurs dramatiques.
Grammairiens, etc. etc.
} Trente places.

3me CLASSE. — BEAUX-ARTS.

Compositeurs de musique.
Peintres.
Sculpteurs.
Architectes.
Mécaniciens, etc. etc.
} Trente places.

Les savans et artistes reçus membres de l'académie reçoivent chaque année, à titre de récompense nationale, la somme de.......

Lorsqu'une des places vient à vaquer dans l'académie française, ce corps forme une liste de ceux qu'il croit dignes d'occuper les places vacantes.

Cette liste doit énoncer les divers titres que peut avoir chacun des candidats pour obtenir l'honneur d'être reçu académicien.

Cette liste est présentée d'abord au comité

d'instruction publique qui délibère, vote et motive son avis ; elle passe ensuite au sénat qui est tenu aux mêmes formalités ; enfin la chambre des représentans délibère à son tour.

Le candidat qui aura obtenu le vœu de deux des corps constitués ci-dessus énoncés, est reçu membre de l'académie française.

Les fonctionnaires publics, les membres de tous les corps constitués salariés, peuvent être admis dans l'académie française à titre de correspondans, d'affiliés, de membres honoraires ; mais dans aucun cas et sous aucun prétexte, ils ne peuvent avoir voix délibérative dans les discussions de ce corps.

MODE DE PROCÉDER AUX CHANGEMENS A FAIRE A LA CHARTE CONSTITUTIONELLE.

A moins d'être doué de la prescience, attribut de la Divinité, le législateur le plus éclairé ne saurait tout prévoir : le méchant a plus de moyens pour nuire que n'en peut avoir l'homme de bien pour prévenir le mal : qui donc oserait assigner d'avance toutes les formes que peuvent prendre les passions pour venir à bout de leurs coupables desseins ?

Les législateurs anciens et modernes ont tous eu la manie d'exiger des peuples les sermens les plus solennels de respecter à jamais leurs travaux constitutionnels ; mais l'expérience nous a démontré de quelle valeur pouvaient être ces épouvantables juremens. Depuis trente ans, nous avons eu pour notre part six ou sept constitutions différentes qui toutes ont été jurées, et ce à coups redoublés.

Les mœurs, les usages, les habitudes des peuples changent presque à tous les siècles, et les lois doivent suivre le cours de l'opinion publique et changer avec elle.

Une sage constitution doit donc prévoir ce cas et créer une forme juste et légale pour procéder à des changemens que le temps a rendus nécessaires, autrement on s'expose à des secousses révolutionnaires.

PROJET DE LOI.

Le monarque, le sénat, la chambre des représentans peuvent seuls, et en tout temps, présenter des projets de changemens et modifications à faire à la charte constitutionnelle.

Ils doivent avoir continuellement un comité chargé d'examiner les améliorations à faire dans cette partie.

Tout projet de changement à faire à la charte constitutionnelle, après avoir été discuté dans le conseil du monarque, dans le sénat, dans la chambre des représentans, et avoir été adopté par deux de ces autorités, est néanmoins encore soumis à l'acceptation des citoyens.

RÉSUMÉ GÉNÉRAL.

Le lecteur a pu s'apercevoir que dans le présent projet de constitution, la formation de la loi se compose nécessairement de l'assentiment du sénat et de celui du monarque ; mais comme on doit s'attendre à ce que ces deux corps seront souvent en opposition, le peuple alors, par l'organe de ses représentans, prononce sur leurs discussions.

En prévoyant le cas où les altercations entre le sénat et le roi pourraient amener des déchiremens politiques, il fallait aussi prévoir celui où l'intrigue et l'or, achetant la condescendance, nous amèneraient le despotisme ; et c'est pour ce motif que j'exige que chaque année vingt nouveaux représentans soient admis temporairement dans le sénat. Cette mesure me paraît un sûr préservatif contre les empiétemens des pouvoirs.

Les représentans ne seront plus législateurs, mais ils seront des juges politiques ; et certes les voilà rentrés dans leurs véritables fonctions ; c'est eux qui, dans l'intérêt des peuples, jugent la conduite des agens de toute espèce que solde le trésor national.

Les maires ne seront plus simplement les administrateurs de leurs communes, mais encore

ils seront les védettes de la liberté individuelle ,
les juges dans les affaires administratives , et la
pépinière des représentans. Ils seront en outre les
chefs de la garde nationale ; quarante mille maires commandant à des citoyens , à des propriétaires , à des pères de famille , ne sauraient être
dangereux que pour les perturbateurs de l'ordre
social ; mais deux cent mille soldats enrôlés sous
les bannières d'un seul chef furent toujours à redouter pour la liberté publique.

Les citoyens nomment leur maire , et c'est
parmi les maires qu'ils choisiront ensuite leurs
représentans , parce qu'ils auront eu le temps de
juger leurs talens , leurs opinions et leur moralité.

L'organisation du sénat dans lequel sont appelées toutes les premières classes de la société ,
ne laisse absolument rien à désirer : une longue
expérience et tous les talens s'y trouveront
réunis.

Le trésor public ne sera plus à la disposition
des corsaires politiques ; le monarque demande
des fonds , le sénat les accorde , les commissaires
des représentans paient , mais ils tiennent la
comptabilité et la publient.

De tout temps les citoyens ont fait des vœux
inutiles pour que le talent et le mérite fussent
seuls promus aux dignités publiques ; or, j'at-
teins parfaitement ce but si juste et si désiré par la

création des divers corps dont je propose l'établis-
sement. Plus de bassesse, plus d'intrigues pour
parvenir ; plus de servilité pour se maintenir ; le
monarque lui-même n'a ni places, ni faveurs
pécuniaires à accorder ; et comme il ne pourra
prendre ses agens que parmi les jeunes gens que
lui présente la nation, je crois par ce moyen lui
arracher des mains un puissant moyen de despotisme.

Mais malgré tous ses efforts, le législateur
s'efforcerait en vain pour ainsi dire de mécanifier
sa charte constitutionnelle ; son ouvrage s'écrou-
lera infailliblement, si l'instruction, les sciences
et les arts n'arrivent à son aide. Je m'applaudis
donc d'avoir eu l'idée de constitutionnaliser
notre académie. Une réunion de savans distingués, parfaitement indépendans, n'ayant rien
à craindre ni à espérer de l'autorité, me semble
devoir être un puissant rempart contre les ruses
de la tyrannie.

Par l'effet des réglemens proposés sur la liberté de la presse et l'imprimerie, les journaux
surtout, ne seront dorénavant que de rapides
moyens d'instruction pour le peuple, et de plus
la propriété des auteurs de tout genre sera parfaitement à l'abri des pirateries littéraires.

Enfin, je pense avoir laissé au monarque une
autorité suffisante pour en imposer soit aux

sectes, soit aux factions, et en même temps je le place dans une position où il ne peut avoir d'autre intérêt que celui de la chose publique, de la république qui, comme je l'ai dit, n'est pas une forme de gouvernement, mais doit être le but où doit viser toute espèce de gouvernement.

www.ingramcontent.com/pod-product-compliance
Lightning Source LLC
Chambersburg PA
CBHW070939280326
41934CB00009B/1945